Lourdes Miquel / Neus Sans

Poderoso caballero

Upper Saddle River
New Jersey 07458

© Lourdes Miquel y Neus Sans
   Difusión, Centro de Investigación y Publicaciones de Idiomas, S.L.
   Barcelona, Spain

Diseño de la colección y cubierta: Àngel Viola

ISBN: 013099376X
Depósito Legal: M-26.999-1991
Printed in Spain by Raro, S.L.
Distributed in North America by Prentice Hall

Miércoles, 15 de marzo

Hoy me ha invitado a cenar Carmela. Carmela es una vecina mía y también una buena amiga. Es una mujer mayor y para mí es casi como una segunda madre. Muchas noches me invita a cenar.

Hoy quería saber el final del caso Vaquero. Se lo he explicado todo. He demostrado la infidelidad del marido y he conseguido más de cien millones de indemnización para la mujer. Le ha encantado. Le encanta el triunfo de las mujeres sobre los hombres. Para celebrar mi éxito ha abierto un Viña-Ardanza del 86[1].

—El domingo te invito a cenar, Carmela. He ganado mucho dinero gracias al señor Vaquero.

—Me encantaría, Lola, pero el domingo no puedo.

Me ha parecido raro. Carmela casi nunca tiene ningún compromiso. Sólo de vez en cuando, cuando vienen sus sobrinos de Bilbao[2].

—Es que… el domingo por la noche tengo una cita —me ha dicho ella.

—¿Una cita? ¿Con quién?

—Venga, detective, adivínalo… —me ha contestado con mucha ironía.

—Con tus sobrinos…

—Frío[3].

—Con tu amiga la venezolana…

—Frío, frío.

—Con la jubilada aquélla… ¿Cómo se llama?

—¿La del viaje a Egipto?

—Ésa.

—Jane. Se llama Jane. No.

—Pues no sé… ¿Has conocido a alguien últimamente?

—No.

—Ni idea, Carmela. Anda, venga, dime…

—Con mi novio.

—¿Con tu novio?

—Bueno, con mi ex novio. Me lo he encontrado esta mañana en Recoletos[4]. Imagínate.

—¿Y lo has reconocido?

—Me ha conocido él a mí…

—Es que estás igual.

—Ya. Bueno, el caso es que hemos quedado para el domingo.

—Huy, ¡qué bien, Carmela! ¡Cuánto me alegro! ¿Y qué te vas a poner?

—No sé… El traje negro. El que me pongo cuando vamos a algún concierto…

—Es un poco serio, ¿no? ¿Y por qué no te compras algo?

Estoy segura de que Carmela va a comprarse todo un conjunto y va a pasarse varias horas en la peluquería antes de cenar con su ex novio. Estoy contenta. Se lo merece.

Viernes, 17 de marzo

Hoy ha sido un día terrible. Margarita, la secretaria de mi agencia de detectives, se ha enfadado con Tony, su novio, y ha estado todo el día llorando en el lavabo. Feliciano, el chico de los recados, se ha pasado la mañana consolándola y cogiendo el teléfono. A Feliciano hay dos cosas que le gustan mucho: comer bocadillos y Margarita, la secretaria. O sea, que Feliciano está enamorado de Margarita. Nadie lo sabe. Sólo yo. Por algo soy detective.

Paco, mi socio, se ha gastado buena parte del dinero que ha ganado por el caso Vaquero en una noche loca con su nueva novia. La cuarta de este mes. Y Miguel, mi otro socio, no ha venido a trabajar porque esta noche tiene que salir con una amiga. Miguel, el tímido más grande que conozco, siempre que tiene que salir con una mujer se pone enfermo.

Por la tarde he ido un rato al gimnasio y, después, he llevado mi moto, mi vieja Vespa, al taller.

Está empezando la primavera. Lo noto. Estoy un poco triste.

He llegado casi a las diez de la noche a casa. Tenía mucha hambre. He abierto la nevera. Un espectáculo tristísimo: dos anchoas, un yogur caducado, medio limón y un trozo de mantequilla. Después de mucho pensar cómo hacer una cena con esos ingredientes, he decidido llamar a "Rapid

All Food" . Una pizza "Cuatro Estaciones" y un trozo de tarta de manzana han terminado con mi mal humor. Como poco, creo. Poco y mal. Ah, qué buenos unos canelones[5] de los que hace Carmela. Me parece que aún tengo hambre. Me voy a dormir.

Sábado, 18 de marzo

No me gusta nada, pero que nada, ocuparme de la casa. Pero, a veces, tengo que hacerlo. Esta mañana me he levantado, me he tomado un café y he decidido limpiar la cocina y el salón. Tres cuartos de hora después he cambiado de idea. Me he puesto mi equipo de deporte y me he ido a correr a la Casa de Campo[6]. Hacía un sol maravilloso. En una de las mesas del bar "El Lago" estaba Paco, mi socio, con su nuevo amor. Una africana guapísima y medio metro más alta que él. No entiendo el éxito de Paco con las mujeres. Gordito, bajito y cada día con menos pelo… Ellos no me han visto. No he querido decirles nada. El amor es el amor. Aunque a Paco el amor le dura sólo unos días.

A las dos de la tarde he tenido un ataque de responsabilidad y he ido a Alcampo[7] a comprar comida. Tengo la nevera llena. Sobre todo el congelador. Pero no he comido. Cuando he vuelto, estaba demasiado cansada para cocinar. Me he tumbado en el sofá, he puesto la tele y me he comido media caja de galletas de chocolate. Y he dormido una siesta de más de dos horas. Los fines de semana la siesta es uno de mis lujos[8].

A eso de las siete me ha llamado Miguel, desesperado:

—¿Qué tal te fue ayer con tu amiga? —le he preguntado.

—Fatal. Estaba tan nervioso, Lola, tan nervioso que estuve toda la cena diciendo tonterías... Como un quinceañero en su primera cita.

—Bah, no exageres.

—No exagero, Lola. En serio. Fue fatal. No sé qué hacer... ¿Tú sabes dónde hacen cursillos intensivos?

—¿Cursillos para qué? ¿Para no ser tímido?

—Sí. Un cursillo como: "Cómo dejar de ser tímido en diez días"...

Me ha dado un ataque de risa. Me parece que a Miguel no le ha gustado.

—No te rías, Lola. Ser tímido es horrible...

He tenido que consolarlo. En realidad me ha llamado para eso. Soy una jefa con un corazón demasiado grande[9].

—Bueno, Miguelito, no te preocupes. Cuando tengamos poco trabajo en la agencia, te doy yo un cursillo. Tengo una idea...

—¿Cuál?

—¿Por qué no me invitas a cenar a mí un día y ligamos[10]?

—Estás como una cabra[11].

—Tú, también.

Me parece que al final estaba más animado.

A las ocho ha venido a verme Carmela. Ha comprado medio "Corté Inglés"[12]: un traje de chaqueta beige, una blusa lila, unos zapatos y un bolso de piel marrón, tres pares de medias, una bragas y unos sostenes de seda blanca y un vestido verde claro.

—Pero, Carmela, ¿todo eso te vas a poner mañana?

—Ay, Lola, no te rías de mí... Es que era todo tan bonito y estaba tan barato... ¿Te gusta?

—Vas a estar guapísima.

—¿Y qué te parece el nuevo peinado?

—Muy bien, te queda muy bien. Pareces más joven.

—¿De verdad?

—En serio. Estás muy guapa. Y ahora dime una cosa —le he preguntado muy seria—, ¿te gusta todavía ese ex novio tuyo?

—No lo sé, la verdad. Siempre ha sido muy guapo y muy simpático... Pero yo ya soy muy vieja para estas cosas...

Carmela nunca me ha confesado los años que tiene. Yo creo que tiene unos sesenta. La verdad es que está muy bien conservada[13].

Está tan contenta con su cita de mañana, que se ha olvidado de comprar comida. Eso es rarísimo. Carmela es una excelente cocinera. Es realmente como una madre, pero sin los inconvenientes de las madres. Le he hecho una ensalada y una tortilla de patatas[14]. Y, luego, nos hemos terminado la caja de galletas.

—Carmela, si comes tantas galletas, vas a engordar y mañana no te va a caber el traje chaqueta...

—No importa. Prefiero las galletas.

Así tendrían que ser todas las mujeres.

Lunes, 20 de marzo

La semana pasada en la agencia casi no trabajamos. ¿Por qué? Por el éxito de nuestro último caso. Hacía tiempo que no ganábamos tanto dinero. Pero esta mañana he convocado una reunión:

—Queridos —siempre los llamo "queridos" cuando tengo que hacerles trabajar— hemos pasado una semana estupenda, muy tranquilos y muy bien… Pero tenemos que seguir trabajando. Las vacaciones han terminado.

—¿Qué vacaciones? —ha preguntado Paco.

—Querido Paco —le he dicho con ironía—, esta semana has entrado todos los días entre diez y diez y media… Y con bastante sueño, gracias a tu novia africana…

Paco se ha quedado completamente sorprendido.

—¿Y tú cómo sabes que es africana? —me ha preguntado.

—Yo lo sé todo, Paco. Por eso tengo una agencia de detectives. Bueno, el caso es que esto es un desastre…

—Exageras, Lola —me ha dicho Miguel, ya muy recuperado.

—¿Exagerar? Paco llegando tarde todos los días, tú enfermo y no voy a decir la causa, Margarita llorando todo el viernes…

—Pero… —nos ha anunciado Margarita— ya no voy a llorar más. Tony me mandó un ramo de rosas a mi casa el sábado… Y por la noche fuimos a cenar…

Feliciano casi empieza a llorar. Margarita vuelve a salir con su novio y él, Feliciano, tiene que seguir secretamente enamorado de ella, escribiéndole versos entre bocadillo y bocadillo.

—Me alegro mucho, Margarita. Ya lo sabéis: Margarita no va a llorar más…

Ha empezado a sonar el teléfono. Margarita ha ido corriendo a cogerlo. Pensaba que era su novio. Gran decepción.

—Lola, es para ti. Carmela Lizarrán.

Carmela y yo somos vecinas desde hace siete años. Es la primera vez que me llama a la oficina en todo ese tiempo. Al ponerme al teléfono le he preguntado, muy preocupada:

—¿Te pasa algo, Carmela?

—Ay, Lola, sí.

—¿Qué te pasa? ¿Te encuentras mal?

—¿Mal? Me encuentro mejor que nunca. Creo que sí, que me sigue gustando.

—¿Quién?

—Pues quién va a ser, Guillermo.

—¿Guillermo?

—Sí, mujer, Guillermo Belmonte. Mi ex novio.

Me había olvidado.

—Perdona, Carmela. Es que estaba trabajando y no…

—No te preocupes, Lola. Es que tenía muchas ganas de contártelo. ¿Cenas conmigo esta noche? Te voy a hacer unas "cocochas"[15] de ésas que te gustan…

—Estupendo. ¿Quedamos a las diez?

—A las diez.

Feliciano miraba a Margarita con tristeza, Miguel le contaba a Paco sus problemas con la timidez y Margarita se arreglaba las uñas. Un perfecto equipo de trabajadores contra el mal.

—A ver —les he dicho con mi tono más autoritario—… Mañana quiero tener nuevas pruebas del caso López, ¿vale, Paco? Y tú, Miguel, tienes que ir a Salamanca para investigar el tema del concejal aquel[16]… Tú, Margarita, tienes que ordenar el archivo… Y tú, Feliciano, vas a ir a todos los bancos para saber cómo están nuestras cuentas. ¿De acuerdo? A trabajar.

Paco ha sido el único que ha dicho algo.

—Vale, nena.

—Y no me llames "nena"

Paco siempre me llama "nena" y a mí no me gusta nada.

Por la tarde he tenido varias visitas. Ningún caso importante. Sólo he aceptado uno relacionado con una cadena multinacional de hamburguesas.

Odio las hamburguesas.

Las "cocochas" estaban buenísimas y Carmela más alegre que nunca. Me ha contado toda su historia con Guillermo, su ex novio.

12

—Nos conocimos en 1954. Nos enamoramos el primer día que nos vimos. Estuvimos saliendo dos años y medio y en octubre de 1957, Guillermo se fue a Argentina a trabajar…

—¿Y por qué no te fuiste con él? —le he preguntado a Carmela.

—Porque mi madre estaba muy enferma. Me quedé con ella.

—¿Y Guillermo se fue?

—Sí, se fue. Dos o tres años después se casó con una chica de Buenos Aires y hasta ahora no he sabido nada más de él.

—¿Y ahora vive aquí, con su mujer?

—Su mujer murió hace cinco o seis años… Cuando ella murió, Guillermo vino a España con sus hijos…

—¿Y qué edades tienen sus hijos?

—No sé, pero son mayores. Los dos están casados. El chico, el mayor, vive aquí y la chica está casada con un francés y vive en París.

—¿Y los negocios todavía los tiene en Argentina? —le he preguntado con un gran sentido práctico.

—Guillermo tiene negocios en todas partes. En Argentina, en México, en Venezuela, en Estados Unidos y en varios países europeos… Es multimillonario.

—¿En serio?

—Totalmente en serio. Pero es de estos millonarios que trabajan, ¿sabes?

—¿Cómo "que trabajan"?

—Sí, que se levantan a las siete de la mañana, van a la oficina a las ocho y salen a las ocho de la noche…

—Dios mío. Si un día voy a ser millonaria, no haré nada de eso —he dicho completamente convencida de que un día voy a ser millonaria.

—Pues Guillermo es de ésos… Todo el día trabajando. Además tiene muchos trabajadores y los quiere mucho.

Siempre dice: "Si yo trabajo, mis trabajadores tienen dinero para vivir."

—Pues no hay muchos empresarios así.

—No, la verdad es que no hay muchos.

—Total, Carmela, que tienes un novio maravilloso.

—Un ex novio...

—Pero si seguro que tú le gustas mucho...

—Ay, hija, no sé.. Un poco sí.

—¿Me lo presentarás?

—Te lo presentaré —me ha prometido Carmela.

Lunes, 15 de mayo

Hoy es fiesta en Madrid[17]. Pero yo me he quedado todo el día en casa. Estoy agotada. Llevo todo el mes investigando sobre la calidad de las hamburguesas. O sea. Comiendo tres o cuatro hamburguesas por semana. Suerte que Feliciano me ayuda. Está encantado: todos los días dos bocadillos gratis. Además, así no ve cada día a Margarita. El otro día, el pobre, me enseñó un poema de amor que le ha escrito:

> "Margarita es linda tu cara
> y el viento de las mañanas
> lleva tu marca.
> Margarita,
> yo siento
> que todo esto no es un cuento"[*]

---

[*] Algunos críticos literarios relacionan este poema con el conocido "Margarita está linda la mar/y el viento tiene esencia sutil de azar/Yo siento/ una alondra cantar tu acento/Margarita, te voy a contar un cuento" del célebre poeta Rubén Darío.

Feliciano está encantado. Se siente un gran poeta.

La plaza donde está mi casa, la Plaza de la Paja[18] , está llena de gente. Llevo tres noches sin poder dormir bien: bailes populares, gente cantando... Me deprime. Yo los días de fiesta me deprimo. Y, encima, Carmela se ha ido a pasar estos días con Guillermo a una finca[19] que tiene en Jaén.

Me duele el pulgar de la mano derecha. Esto del "zapping" es horrible. Llevo toda la tarde cambiando de programa de televisión. No hay ni un solo programa interesante. Tengo que organizarme mejor. Trabajo demasiado y me divierto poco. Necesito un novio, un novio para uno o dos fines de semana al mes. Es el estado ideal para una mujer como yo. Pero, ¿cómo se consigue un novio? Tengo que preguntárselo a Margarita. Es una experta.

Miércoles, 17 de mayo

Por fin hemos descubierto una pista en el caso de las hamburguesas. Algunas multinacionales americanas mezclan carne de gato con carne de ternera. Algo completamente ilegal. Esta mañana Feliciano ha conseguido la información. Y esta misma noche, Miguel, Paco y yo vamos a intentar entrar en la cocina de uno de los restaurantes para llevarnos muestras de carne cruda y poderlas investigar en el laboratorio de la policía. La Asociación de Consumidores[20] que me ha encargado el caso va a estar encantada.

Estoy en la oficina. Se han ido todos a comer. Me he quedado para pensar un poco en cómo demonios vamos a entrar en la cocinas del restaurante. Por aquí tengo el plano.

A ver dónde está... El teléfono. ¡Qué desastre!

—Agencia de detectives Lola Lago.

—Póngame con la señora Lago, por favor.

—¿De parte de quién?

—De Carmela Lizarrán.

—¡Carmela! Soy Lola. ¿Qué tal?

—Fatal.

En ese momento me he dado cuenta de que Carmela lloraba.

—¿Qué ha pasado, Carmela? ¿Te encuentras mal?

—Gui..., Gui..., Guillermo...

No podía hablar, la pobre.

—¿Qué le pasa a Guillermo, Carmela?

—Se ha suicidado.

—¿Quééééé? ¿Que se ha suicidado? Dime dónde estás...

—En casa

—Voy ahora mismo.

He dejado una nota a mis muchachos junto con el plano: "Este es el plano del restaurante. Yo no puedo ir. Un asunto urgentísimo. Lo siento. Tendréis que entrar vosotros. Coged las pruebas y llamadme a casa. No importa la hora. Un beso y suerte."

Efectivamente Guillermo Belmonte, antiguo novio de mi vecina Carmela, se ha suicidado. Ayer martes, por la noche, después del Telediario se tomó un frasco de tranquilizantes. Dejó una carta para los hijos y sus trabajadores. *"Estoy hundido —ponía en la carta—. No puedo aceptarlo. Prefiero morir. Pido perdón a mis trabajadores y a mi familia."* Esta mañana una secretaria ha avisado a Carmela. Está desesperada. Llora y llora y yo no sé qué hacer. Mañana es el entierro. La pienso acompañar.

También es mala suerte. Ahora que estaba tan contenta con su viejo-nuevo amor...

Viernes, 19 de mayo

No estoy tranquila. No entiendo por qué Guillermo Belmonte se ha suicidado. Era multimillonario, sus negocios funcionan perfectamente, estaba saliendo con Carmela y lo pasaban muy bien juntos… Pasa algo raro. Lo sé. Es mi famoso olfato de detective. Se lo he explicado a Paco cuando en su despacho se estaba comiendo una caja de bombones "Godiva".

—Lola, nena, tú tienes problemas… Problemas personales… Serios problemas. Se ha suicidado. ¿Lo entiendes? Sui-ci-da-do. ¿No dejó una carta para los hijos?

La carta. No me había acordado. Tengo que conseguir esa carta y leerla. Tengo una idea.

—Paquito…

—No me llames "Paquito"…

—Pues no me llames "nena".

—Está bien, de acuerdo. Dime.

—¿Qué tal el otro día en el restaurante? ¿Fue difícil entrar en la cocina?

—No, ¡qué va!. Ya te lo hemos explicado. Facilísimo. Miguel y yo somos mejores que James Bond.

—Ya.

—¿Por qué lo preguntas?

—Porque una noche de éstas vamos a entrar en otra parte…

—¿En qué casa?

—En la de Guillermo Belmonte.

—¡Vaya!

Sé perfectamente que Paco y Miguel van a acompañarme. El problema ahora es cómo conseguir la información. No quiero preguntarle nada a Carmela.

17

Sábado, 20 de mayo.

Después de comer he subido al piso de Carmela. Está tristísima. La he convencido para salir a dar una vuelta y hemos tomado un té en el "Café Oriente". Es un sitio que le gusta. Después he ido con ella a su casa.

—¿Por qué no te preparas un baño calentito? Relaja mucho y va muy bien.

Ha aceptado mi propuesta. Cuando he oído el ruido del agua, he empezado a buscar la dirección de Guillermo. Al lado del teléfono no estaba. Dentro del bolso, en una agenda pequeñita, tampoco. ¿Dónde puede tener Carmela la dirección de Guillermo? En la cocina, he pensado. Efectivamente, estaba escrita en un papel amarillo pegado en la nevera. He ido al salón a buscar un papel y un lápiz y la he apuntado. Cada día tengo menos memoria.

Después de cenar he llamado a Paco. Lógicamente no estaba. Le he dejado un mensaje en el contestador. Después he llamado a Miguel.

—¿Te molesto? —le he preguntado.

—Estaba viendo el partido, nena.

—Grrr.

—Sabes qué partido hay hoy, ¿no?

—Ni idea, Miguel. A mí el fútbol...

—Barça - Real Madrid[21].

—Lo siento. Pero es que es muy importante.

Era el mejor momento para pedirle un favor. Por eso le he preguntado:

—¿Puedes venir conmigo mañana por la noche a investigar una cosa en casa de Guillermo Belmonte, el novio de mi vecina?

—Está bien. ¿A qué hora?

—Hacia las once de la noche, ¿te va bien?

—Perfecto. Hacia las diez paso por tu casa a recogerte y nos vamos en mi coche. ¿Te parece?

—De acuerdo.

—¿Vive…? Bueno, ¿vivía lejos?

—En La Moraleja[22].

—Muy bien. Mañana a las diez de la noche en tu casa.

—Bueno, pues perdona y hasta mañana.

—Hasta mañana.

Esto son socios. Aceptan trabajar en domingo y gratis. Porque el caso de Guillermo Belmonte lo he inventado yo. Yo o mi olfato de detective.

Domingo, 21 de mayo

Realmente Guillermo Belmonte era multimillonario. ¡Qué casa, madre mía! Dormitorios y dormitorios, salones y salones, más de seis cuartos de baño, una cocina enorme y un jardín maravilloso. Y todo eso para él solo. Mi piso me parece ahora mucho más pequeño que antes. Y voy a pasarme media vida pagando la hipoteca. ¡Qué desastre!

Miguel me ha venido a buscar a las diez en punto. Sabe que me gusta la puntualidad. Y nos hemos ido a La Moraleja. Hemos dejado el coche en otra calle y hemos llegado a la casa a pie, vestidos de negro y con zapatos deportivos para no hacer ruido. Entrar en la casa no ha sido fácil. Pero lo hemos conseguido. Como en las películas. Hemos buscado la caja fuerte. Estaba detrás del espejo de uno de los baños. Miguel la ha abierto. Dentro no había nada.

—¿Qué estamos buscando exactamente, Lola? —me ha preguntado, con razón, Miguel.

—Pues, la verdad, no lo sé. Pero vamos a seguir buscando.

He oído a Miguel, en voz baja, decía:

—Como una cabra. Está como una cabra.

He estado en el dormitorio de Guillermo. En la mesilla de noche no había casi nada: libros, unas pastillas para el estómago, una gafas, un despertador y, en el último cajón, una agenda y una foto de su mujer en un marco de plata. ¿Por qué la foto no está encima de la mesilla? Instintivamente me he llevado la agenda. Por si acaso. Después he estado en la blibioteca: una enorme sala llena de libros y con un escritorio del siglo XVII.

—Ya sé lo que estamos buscando, Miguel.

—No me digas… —ha dicho con bastante escepticismo— ¿Qué?

—Un papel escrito por Guillermo.

—¿Cualquier papel?

—Cualquiera.

—¿Y para qué?

—Para comparar su letra con la letra de la carta del suicidio.

—Pero, Lola, hay un problema…

—¿Sí? ¿Cuál?

—No tenemos la carta del suicidio.

—Pero la vamos a tener pronto.

En uno de los cajones de su escritorio había un diario que estaba escribiendo. Lo tengo aquí, en casa.

Martes, 23 de mayo

Por las noches he leído el diario de Guillermo. Estaba enamorado de Carmela. Escribía sobre ella cosas maravillosas. Tal vez por eso la foto de su mujer estaba dentro del cajón de la mesilla. Voy a guardar el diario. Dentro de un tiempo se lo enseñaré a Carmela. Le va a gustar saberlo.

En el diario también hay otra información importante: hasta una semana antes de su muerte, los negocios del multimillonario empresario Guillermo Belmonte funcionaban muy bien. ¿Por qué se suicidó? Tengo que averiguarlo.

Miércoles, 24 de mayo

Se me ha ocurrido una idea. He llamado a la secretaria de Guillermo.

—Dragados y Contratas Belmonte, diga.

—Quería hablar con la secretaria particular del señor Belmonte.

—¿Padre o hijo?

—Padre.

—¿De parte de quién?

—De una amiga del señor Belmonte.

Los detectives siempre tenemos que mentir.

—Un momento, por favor.

Me han puesto un concierto de Mozart. Unos minutos después la telefonista me ha dicho:

—Le paso.

Y enseguida he oído otra voz de mujer.

—¿Diga?

—Hola, buenos días. Soy Graciela Giacometti, una muy buena amiga del señor Belmonte en Buenos Aires.

Los detectives mentimos muy bien. He puesto mi mejor acento argentino[23]. Luego le he dicho:

21

—Recién me enteré de que el señor Belmonte murió. Estoy destrozada.

Y me he puesto a llorar. Sé hacerlo.

—No sé si el señor Belmonte le había hablado de mí... Necesito saber por qué ha muerto. Eramos tan felices...

—Señora —me ha dicho la secretaria—, yo no puedo darle ninguna información. ¿Por qué no habla usted con los abogados que llevan el caso?

He pensado: "Exactamente para eso te he llamado, muñeca", pero he dicho:

—¿Puede darme sus señas, por favor?

—A ver, un momento... Tome nota: Gabinete Jurídico Aranzadi, Paseo de la Castellana, 35, sexto A, aquí en Madrid. ¿Quiere usted el teléfono?

—Sí, por favor.

—Es el cinco, siete, nueve, cero siete, siete ocho o siete nueve.

—Muchas gracias, muy amable.

Ya sé dónde está la carta que Guillermo Belmonte escribió antes de morir. O eso creo.

Otra vez voy a proponerles a Paco y Miguel entrar por la noche a una nueva casa. Esta vez en el Paseo de la Castellana. Más difícil todavía.

Jueves, 25 de mayo

Por la mañana les he explicado el plan a mis socios. Están encantados. Les gusta parecerse a los detectives de película. Paco, seguramente estimulado por su nuevo amor, una quinceañera de Serrano[24], ha tenido una idea genial:

—Ahora mismo voy a ir al Gabinete Jurídico ese. Vuelvo dentro de una hora.

—¿Por qué tanta prisa? —le ha preguntado Miguel.

—Calma, muchacho. Hasta luego.

Paco ha llegado al mediodía con una gran sonrisa y tres trajes de limpieza azul marino.

—Solucionado —nos ha dicho—. He averiguado cómo van vestidos los encargados de la limpieza del edificio. Estos son los trajes. Los acabo de comprar en la Plaza de la Santa Cruz. O sea, Lola, que me debes pasta[25].

—¿Y cómo vamos a entrar?

—Elemental, nena…

—Ajj.

—El número 35 del Paseo de la Castellana es un edificio de oficinas. A las ocho de la noche entra, aproximadamente, una docena y media de trabajadores del servicio de limpieza. Hombres y mujeres. Entran y se ponen su uniforme azul…

—Y nosotros vamos a entrar con ellos… —he dicho yo.

—Exacto, muñeca.

A veces Paco se siente como Humphrey Bogart en "El halcón maltés".

A las ocho menos diez ya estábamos delante del portal de la oficina de los abogados de Guillermo Belmonte. Ha empezado a entrar gente. Ha sido facilísimo. Hemos subido y en el sexto piso nos hemos metido en unos lavabos y nos hemos cambiado de ropa. Problema: no teníamos ni un sólo trapo ni un escoba para disimular, para parecer realmente personal de limpieza. He entrado en varios despachos. Al final, al fondo de un pasillo, he visto un pequeño cuarto. Pero cerrado con llave. He aprendido mucho en estos tres años de detective. Siempre llevo en el bolsillo un juego de llaves. Un minuto después la puerta se ha abierto. Dentro estaban todas las escobas, trapos y detergentes que necesitábamos. He llamado a mis socios. Hemos cogido todo lo necesario para limpiar durante horas la oficina y hemos empezado a buscar.

El Gabinete Jurídico es enorme. Tiene ocho despachos —tres para las secretarias y cinco para los abogados—, tres salas de espera, tres salas de reuniones, tres baños y una cocina convertida en almacén.

—Tenemos que buscar en los archivos. ¿Dónde puede estar el archivo general?

—Pues ni idea... Yo miro en los despachos de las secretarias y vosotros miráis en los de los abogados, ¿vale?

—O.K.[26], jefa.

Después de media hora de buscar como locos no había ni rastro del expediente de Guillermo Belmonte. Cada minuto era más peligroso.

—Tengo una idea —les he dicho—. ¿Por qué no buscamos en el ordenador?

—Nena, yo no tengo ni idea de cómo funcionan esas horribles máquinas...

—Pero yo sí, muñeco —he dicho satisfecha.

No sé mucho de ordenadores. Sólo sé utilizar los "Macintosh", pero yo sabía que los del Gabinete eran de esa marca. Lo había comprobado antes de decirlo.

He encendido el ordenador. Me ha saludado con un sonido familiar. "Bienvenido a Macintosh". He empezado a buscar alguna información sobre el archivo. Y en ese momento de total silencio hemos oído en el recibidor:

—Bueno, hija, me voy a trabajar.

—Pues nada, Cloti, hasta luego. ¿Desayunamos juntas?

—Bueno. Nos vemos a las siete, ¿eh? Hasta luego, Mari.

Paco y Miguel se han escondido debajo de una mesa. Yo he tenido más sangre fría: he apagado el ordenador. Y también me he escondido.

Cloti ha empezado a limpiar cantando una copla española[27]. "Verde como el trigo verde...". Teníamos que hacer algo. Pero ¿qué?

Cinco minutos después yo ya sabía qué hacer. Andando silenciosamente por el pasillo he llegado hasta la sala del fondo. He llamado por el teléfono interior a uno de los números de los despachos. Cinco, siete, tres. El teléfono ha sonado en el otro extremo de la oficina. Como yo pensaba, Cloti lo ha cogido.

—¿Diga?

—Cloti, hija —he dicho con un perfecto andaluz[28]—, dice la Mari que la busques, que tiene que contarte una cosa de una prima suya y que antes se ha olvidao[29].

—Pues ahora mismo la busco. Gracias, ¿eh?

—No hay de qué, hija[30].

"Buf". Cloti ha apagado el aspirador y ha salido, cantando más alto que antes, a buscar a su amiga. Cuando he llegado al despacho donde estaban escondidos Paco y Miguel me han aplaudido:

—Bravo, bravo. Eres estupenda.

—Genial.

—Bueno, bueno —les he dicho—, menos ruido y a trabajar.

Otra vez: "Bienvenido a Macintosh". Unos minutos después he encontrado la información: "Belmonte, Guillermo (Dragados y Contratas) —AG 1.325 A"

—Perfecto —he dicho.

—¿Perfecto? ¿Tú entiendes algo de lo que pone? —me ha preguntado Miguel.

—Pues claro.

—¿Ah, sí? A ver, ¿qué significa AG?

—Archivo General.

—¡Anda! ¡Pues sí!

—Y, supongo, que 1.325 es el número del archivo...

—Vamos a buscarlo.

Lo hemos encontrado fácilmente. El archivo tiene tres

secciones: A, B y C. En la sección A hemos buscado el número 1.325.

—Tiene que estar por aquí… Mil trescientos veintitrés, veinticuatro, veintiséis…

¡No está!

—¿Cómo que no está? —le he preguntado a Miguel.

—No, no está. Está el veinticuatro y el veintiséis pero el veinticinco, no.

—Mecachis…[31]

No me gustan las complicaciones. Los detectives estamos acostumbrados a trabajar con rapidez.

—¿Y ahora qué hacemos? Tenemos poco tiempo.

—Tengo una idea —ha dicho Paco mientras comía un trozo de chocolate. Paco siempre come chocolate en los momentos importantes—… No hemos mirado por encima de las mesas…

—Es verdad. Venga, rápido, a mirar por encima de las mesas…

Enseguida hemos encontrado un diskette. Yo he hecho una copia y lo he dejado en su sitio. Cuando estaba terminando, hemos oído: "Verde como el trigo verde…". Cloti ha entrado de nuevo y nosotros nos hemos ido a nuestras casas.

Viernes, 26 de mayo

Mal día. Mucho sueño. Fracaso total: la letra de la carta de Guillermo Belmonte anunciando su suicidio es e-xac-ta-men-te igual a la letra de su diario. O sea que aparece una carta auténtica. Pero yo sigo pensando que hay algún problema. Pero, ¿cuál? En el expediente de los abogados he leído que todos los negocios pasan a su hijo, heredero universal. ¿Y su hija? ¿Tenía problemas Guillermo Belmonte con su hija? ¿Con su hija o con su yerno el francés?

Carmela está de mejor humor, más animada. Este fin de semana voy a hacerle unas preguntas. No sabe nada de todo lo que estoy haciendo. Si mis sospechas son ciertas, dentro de unos días voy a saber la verdad, toda la verdad, y se la explicaré.

Hemos terminado el asunto de las hamburguesas. Han despedido al gerente de una de las compañías, un mafioso. La Asociación de Consumidores nos ha pagado bien. Además estamos todos invitados a cenar en la mejor hamburguesería de Madrid. ¡Qué horror!

Domingo, 28 de mayo

Carmela ha venido conmigo al Rastro[32]. Me he comprado un mueble antiguo para la cocina y unas mesillas de noche "art decó". Mañana me los traen a casa. El dinero de las hamburguesas ha servido para algo. Distraídamente he hecho las preguntas que yo quería:

—Oye, Carmela, ¿y el hijo de Guillermo a qué se dedica?

—¿Quién? ¿Chema[33]? Es ingeniero de telecomunicaciones.

—¿Ah, sí? ¿Pero trabaja en eso?

—No, qué va. Trabajar no ha trabajado nunca…

—Un niño bien[34] vaya.

—Sí algo así. Trabajó un tiempo en Francia. Pero no le gustó.

—Le gusta más vivir del dinero de su papá, ¿no?

—Sí, pero a Guillermo eso no le gustaba nada. No sé si le daba mucho dinero...

"¡Ajáaaa! El clásico caso del hijo sin dinero de padre multimillonario..." No he preguntado nada más. ¿Para qué?

Lunes, 30 de mayo

Más mentiras. A primera hora de la mañana he tenido esta conversación:

—Dragados y Contratas, dígame.

—Buenos días, quisiera hablar con el señor Belmonte hijo.

—¿De parte de quién, por favor?

—De Graciela Giacometti.

—Un momento, por favor.

Otra vez Mozart.

—Le paso con la secretaria del señor Belmonte.

"¡Oh, no! ¡Otra secretaria!"

—¿Diga?

—Buenas, mire soy Graciela Giacometti, marquesa de Giacometti...

Cuando digo que sé mentir es que sé mentir...

—... y quería hablar con el señor Belmonte de un asunto personal...

—Es que el señor Belmonte...

—Dígale al señor Belmonte que soy una íntima amiga de su padre y que es importantísimo para él —he dicho "para él" con mucho énfasis— hablar conmigo…

—A ver si lo localizo. Un momento, por favor.

Yo sabía que el hijo de Belmonte estaba allí, en el despacho de al lado.

—Le paso con el señor Belmonte. No se retire.

—¿Diga? —me ha dicho una voz joven con el inconfundible tono de la *jett* madrileña.

—¿Chema? Soy Graciela…

Lo he dicho con un tono de "culebrón"[35] venezolano.

—… Tu padre me ha hablado mucho de ti. Y ahora que él ha muerto…

Otra vez he llorado desconsoladamente.

—… quiero conocerte y contarte unas cosas muy importantes que sólo yo sé. ¿Cuándo podemos vernos?

Sabía que iba a aceptar.

—¿Te va bien mañana por la mañana?

—A ver…, un momento, que miro mi agenda…

Siempre hay que parecer importante.

—Está bien. Mañana por la mañana. ¿Sobre las once, por ejemplo?

—Sí, a las once me va muy bien.

—Hasta mañana, entonces.

He ido a comer a casa y, luego he vuelto a la oficina. Cuando he llegado, Margarita estaba hablando por teléfono con su novio. Feliciano estaba sentado delante de ella mirándola y comiéndose el tercer o cuarto bocadillo del día, Paco le estaba enseñando a Miguel las fotos de sus dos últimas novias y Miguel, sorprendentemente, se estaba comiendo los bombones de Paco. Un ejemplo de "entusiasmo" laboral.

Me he reunido con Miguel y Paco. Sé que piensan que estoy loca. Pero son mis socios y van a ayudarme. Tienen que ayudarme. No sé muy bien qué le diremos mañana a Chema Belmonte. Iremos los tres.

Martes, 30 de mayo

A las once ha empezado nuestra reunión.

—Graciela Giacometti, supongo —me ha dicho Chema dándome la mano.

—Efectivamente. Mira, te presento a mis abogados, Miguel Hurtado y Francisco de Arganda.

—Sentaos, por favor.

Es el típico joven que tutea a todo el mundo. Incluso a una "marquesa" como yo.

—Supongo que tu padre te contó lo nuestro —he dicho mintiendo una vez más—...

—Pues, la verdad, no.

—Era muy discreto, mucho —he dicho yo con tranquilidad—-. Hace mucho tiempo, tu padre me dijo que en su testamento me iba a dejar a mí una parte de sus negocios... Por eso están aquí mis abogados.

—Pues, lo siento, pero no le ha dejado nada a usted... Me lo ha dejado todo a mí.

Me ha llamado de usted. Está enfadado. Un éxito.

—¿Tu padre te lo ha dejado todo a ti? Me sorprende.

—Absolutamente todo.

—¿Y a tu hermana?

—Nada, nada en absoluto. Estaban enfadados.

—Ah, ¿y contigo no? En Buenos Aires tu padre me decía...

—Basta. Mi padre ha muerto y yo soy su heredero. Su heredero universal, ¿lo entienden?

Estaba cada vez más enfadado. Mejor. Miguel ha hecho una pregunta:

—¿Y cómo un ingeniero de telecomunicaciones como tú va a administrar los negocios de tu padre? ¿Sabes algo de economía?

—¡Váyanse! ¡Fuera!

Muy educados, nos hemos levantado. Entonces Paco se ha acercado a una mesa. Había un montón de vídeos y ha empezado a mirarlos.

—¡Deje eso inmediatamente! —ha dicho, gritando, Chema.

—Tienes que trabajar más —ha contestado Paco tranquilamente—. Trabajar más y ver menos vídeos.

Nos ha echado del despacho. En la puerta estaba la secretaria, una rubia guapísima, de película. Estaba al lado de la puerta. Escuchando.

No nos ha gustado nada Chema Belmonte.

Miércoles, 31 de mayo

Paco ha tenido una buena idea.

—Como somos especialistas en entrar en pisos, casas y oficinas, ¿por qué no volvemos a casa del muerto?

—¿A casa de Guillermo Belmonte dices? —he preguntado.

—¿Otra vez? —ha dicho Miguel.

—Así podemos mirar tranquilamente sus cosas...

—No es mala idea he dicho yo.

—¿Por qué no vamos esta misma noche?

A las once de la noche ya estábamos dentro del chalé de La Moraleja. Esta vez tampoco sabíamos qué buscábamos.

Yo he estado mirando otra vez el dormitorio de Guillermo. Nada interesante. En la biblioteca había unas cuantas fotos. Todas de Guillermo con personas importantes: el Rey, el Presidente de Gobierno, el Director del Banco Central... Miguel estaba en el salón:

—¿Has visto, Lola, cuántos vídeos...?

—Un vicio de la familia Belmonte —ha dicho, irónicamente, Paco.

—¿Hay alguno dentro? —he preguntado tontamente.

—No sé. ¿Lo miro?

—Bueno.

—A ver... Sí, hay uno.

—El último que vio el pobre Guillermo. ¿Y qué película es?

—No sé. No lo pone.

Tuvo dos intuiciones: una de mujer y otra de detective.

—Cógelo —le dije—. Nos lo llevamos.

Simple curiosidad.

—No sale —ha dicho Miguel.

—Miguel eres un desastre... Ya lo saco yo —Paco es un poco chulo a veces... —Anda, pues no sale...

—¿Cómo que no...? —he dicho mientras me acercaba al vídeo— A ver...

—No vas a poder, nena.

—Grrr.

Me ha costado mucho pero he podido.

—Aquí está, "nenes".

No han dicho nada.

—¿Y para qué es este cable verde?

Esperaba una buena respuesta de "mis hombres". Pero han dicho:

—Ni idea... Pero los vídeos, normalmente, no llevan ese cable.

—Eso ya lo sé yo.

¡Hombres!

Al lado del televisor, en una mesa antigua y seguramente muy cara, Guillermo tenía un montón de fotos de su familia: muchas fotos de Chema con su hermana —supongo que es su hermana— en varios países: Chema y su hermana en México, Chema y su hermana en Atenas, Chema y su hermana en Berlín, Guillermo con su mujer, Guillermo con sus hijos, su mujer y una señora muy mayor, su hija de pequeña, toda la familia en Nueva York, Chema en un barco, y una foto de la boda de su hija... "El francés es bastante guapo", he pensado. La verdad es que la hija de Guillermo es guapísima, pero yo sólo he pensado en el francés.

Necesito un novio.

He llegado a casa a las tres de la madrugada, cansadísima. No tengo ganas de ver ahora el vídeo. Mañana será otro día.

Jueves, 1 de junio

Esta noche he visto el vídeo. Un aburrimiento. Ocho minutos de noticias de la "Bolsa". Es un trozo de un Telediario[36], creo. Nunca entenderé a los multimillonarios: ¡grabar vídeos sobre la Bolsa...! ¡Qué aburrimiento!

Miguel y Paco tienen razón, me parece. El pobre Guillermo se ha suicidado. Seguro. Abandono el caso. Basta.

Lunes, 5 de junio

He pasado todo el día pensando en el asunto de Guillermo. O sea, no he abandonado el caso. No sé por qué no estoy tranquila...

Por la noche he visto el Telediario. La información sobre la Bolsa ha durado sólo un minuto. ¿Por qué el día que lo grabó Guillermo duró ocho minutos? He vuelto a poner el vídeo. Es un trozo de un Telediario.

A las doce, un poco tarde, la verdad, he llamado a Miguel:

—¿Diga? —ha dicho con voz de dormido.

—Lo siento, Miguel, pero te necesito. Tú tienes una amiga en Televisión Española[37], ¿verdad?

—Sí.

—¿Y en qué sitio trabaja?

—En los informativos.

—¡Perfecto! Mañana por la mañana, por favor, la llamas y le preguntas solo una cosa.

—¿Cuál?.

—¿Cuánto dura normalmente la información de la Bolsa en el Telediario?

—¿De la Bolsa?

—Te lo explico mañana, ¿vale? Gracias, Miguel, guapo, y perdóname, anda.

Martes, 6 de junio

Por la mañana Miguel tenía mucho sueño.

—¿Saliste ayer por la noche? —le ha preguntado Paco.

—No, me llamó Lola tardísimo, me despertó y, luego, ya no he podido dormir.

—Lo siento, Miguelito, de verdad. ¿Has llamado a tu amiga? —le he preguntado yo.

—Sí.

—¿Y qué?

—Me ha invitado a cenar.

Para él es una tragedia, una verdadera tragedia.

—¿Y de lo mío?

—Me ha dicho que las informaciones sobre la Bolsa duran entre uno y cuatro minutos. Depende del día.

—¿Entre uno y cuatro? ¿Estás seguro de que te ha dicho eso?

—Segurísimo.

—Miguel, tienes que hacerme otro favor —le he dicho con voz de locutora de radio.

—¿Qué quieres ahora?

—¿La vuelves a llamar?

—¡No!

—Venga, Miguel… Total, ya has quedado para cenar con ella… La llamas y le preguntas cuánto duró la información sobre la Bolsa el lunes 15 de mayo en el Telediario del mediodía y en el de la noche.

—Bueeeeeeno.

—Y otra cosa…

—¿Cuál

—Espera, tengo una idea… ¿Por qué no me das su teléfono y se lo pregunto yo?

—Sí, mejor, muchísimo mejor.

Total, que la he llamado yo. Resumen: el lunes 15 de mayo la información sobre la Bolsa duró sólo un minuto y medio porque la Bolsa de Madrid estaba cerrada. Era fiesta: San Isidro. Nunca ha durado ocho minutos la información sobre la Bolsa. Hace un año, con un falso "crack" de Nueva York, un día duró cinco minutos. La única vez. Siempre dura entre uno y cuatro minutos.

Tatatachán… Tatatachán…[38] ¿De dónde grabó, entonces, Guillermo la información sobre la Bolsa? Paco, Miguel y yo hemos venido a mi casa a mirar el vídeo. Es igual que la del Telediario. No entendemos nada.

Feliciano, además de ser un adicto a los bocadillos, es un teleadicto. En la oficina le hemos enseñado el vídeo de Guillermo Belmonte. Le ha parecido normal, pero dice que la voz es un poco rara. "No es la voz de siempre", nos ha dicho. Inmediatamente, Paco ha llevado el vídeo al laboratorio de sonido de la policía. Una ex novia suya trabaja allí.

Miguel y yo hemos estado revisando el expediente del Gabinete Jurídico.

—Lola, ¿te acuerdas de la carta que escribió Guillermo?

—¿La del suicidio? Sí, claro que me acuerdo.

—¿La has leído bien?

—Creo que sí.

—Es que mira lo que dice... Pone: "Estoy hundido".

—Sí, eso es lo que no entiendo: tenía dinero, salía con Carmela...

—¿En el diario estaba deprimido?

—No, ¡qué va! Estaba muy contento. Parecía bastante feliz.

—Entonces, muñeca —Miguel había descubierto algo—, "hundido" no significa "deprimido" como pensábamos... "Hundido" significa "arruinado".

—¿Arruinado? Pero si no es verdad...

—Pero tampoco estaba deprimido...

—Miguel, lo tengo... ¿Te acuerdas del vídeo?

—Claro.

—Informaciones de Bolsa, ¿no?

—Sí.

—Ocho minutos...

—Sí.

—¿Y qué informaciones son ésas?

—No sé... No entiendo nada de la Bolsa, ni de dinero, ni de nada de eso...

—Yo tampoco. Tenemos que volver a ver el vídeo.

—Se lo ha llevado Paco.

—Esperaremos.

Paco llegó encantado.

—Está mucho más guapa que antes —nos ha comunicado.

—¿Quién?

—Mi amiga policía.

—¿Y de la voz del vídeo?

—Pues no es la de siempre. Es otra.

—¡Qué listos somos!

—Perdona, ¡qué listo es Feliciano! —he matizado yo— Bueno, ahora a ver el vídeo…

—¿Otra vez? —ha dicho Paco.

—Sí, pero ahora vamos a fijarnos en las informaciones que da…

Miguel ha sacado sus notas con los nombres de las empresas de Belmonte. Según el vídeo, todas las empresas de Guillermo Belmonte habían perdido miles de millones de pesetas.

—Voy a llamar inmediatamente a Benito López —les he dicho—, un viejo amigo que está perfectamente informado de todo lo que pasa en la Bolsa.

Pero no he podido llamar "inmediatamente". Margarita estaba otra vez hablando con Tony, su novio.

—Sí, amor, claro, amor…

—Margarita, cuelga. ¿Me oyes? Cu-el-ga. Tengo que telefonear urgentemente.

Cinco minutos después ha dicho:

—Bueno, Tony, te dejo, que mi jefa tiene que llamar. Te llamo luego.

El próximo mes el teléfono lo va a pagar ella.

Benito ha estado, como siempre, encantador. No sé por

qué no lo invito a cenar conmigo una noche. O a pasar un fin de semana juntos, mejor. A las cinco de la tarde me ha llamado con la información:

—Lola, ya he mirado eso. Ninguna empresa de Belmonte ha perdido ni una peseta. Al contrario. Están mejor que nunca. Todas. Tiene más dinero que nunca. Y el lunes 15 la Bolsa subió en todas partes. Fue un día especialmente bueno.

Empiezo a entenderlo todo.

—Muchísimas gracias, Benito. Eres una maravilla.

—De nada, Lola, de nada. Oye, y a ver si nos vemos un día y cenamos por ahí.

No he sabido decirle: "¡Por fin!". Le he dicho:

—Cuando quieras.

Cada día me parezco más a Miguel.

Jueves, 8 de junio

He estado cuatro horas estudiando las fotocopias del expediente de Guillermo Belmonte. He aclarado todo esto:

—1984, julio: Muere la mujer de Guillermo Belmonte.

—1984, septiembre: Guillermo cambia su testamento. Sus dos hijos son los herederos.

—1989, mayo: Boda de la hija de Guillermo. En junio se va a vivir a París.

—1989, octubre: Nuevo testamento. Guillermo nombra heredero universal a su hijo Chema.

O sea: Guillermo deshereda a su hija inmediatamente después de la boda. Ajá…

Por la tarde he llegado a casa bastante pronto. En la

Plaza de la Paja me he encontrado a Carmela:

—¿Quieres cenar conmigo esta noche?

Era exactamente lo que necesitaba.

—Ay, sí. ¡Qué bien!

—¿Te apetecen unos canelones?

—Perfecto. Yo llevo el postre.

Durante la cena hemos vuelto a hablar de Guillermo.

—Oye, Carmela, ¿y la hija cómo se llama?

—Cecilia, como la mujer de Guillermo.

—¿Y qué relación tenía con su padre?

—Últimamente ninguna.

—¿Ninguna? —No me gusta mentir a mis amigos, pero esta vez tenía que hacerme la tonta. Era imprescindible—. ¿Por qué?

—Pues, exactamente, no lo sé. Me parece que a Guillermo no le gustaba el marido... Un francés bastante mayor que ella. Me parece que tenía la misma edad que Guillermo.

Otra vez mi olfato de detective. La hermana está relacionada con la muerte de Guillermo Belmonte. Estoy segura, completamente segura. Pero, ¿por qué y cómo? Con la muerte de su padre, Cecilia no gana nada: ni un céntimo. Sólo Chema sale ganando. Es el heredero universal. Pero ella está relacionada con la muerte de su padre... Lo presiento.

No puedo dormir esta noche. Estoy nerviosa. Cierro los ojos y veo la carta de suicidio de Guillermo, los vídeos de su despacho, las fotos de la casa de Guillermo, a Carmela llorando, el testamento, al idiota de su hijo, a la secretaria de Chema. Todo eso, todo dando vueltas. Tengo que conseguir pensar, pensar como una buena detective... A ver...: suicidio, vídeos, fotos, Chema, testamento, secretaria... ¿Por qué pienso en al secretaria de Chema, esa rubia de película que escucha detrás de la puerta? No lo entiendo. ¡Qué sueño! Me duermo.

Viernes, 9 de junio

Me he dado cuenta en la ducha. A la secretaria de Chema la conozco, pero no sé de qué. Voy a volver a ese despacho. He llamado a mis socios y hemos quedado a las diez en el despacho de Chema Belmonte. Vamos a presentarnos sin avisar.

Me he vestido de "marquesa" pero he ido en moto. Una tremenda contradicción.

Miguel y Paco me estaban esperando en el portal. Cuando hemos llegado a la puerta del despacho de Chema, la secretaria se ha puesto muy nerviosa:

—¿Tienen una cita con el señor Belmonte?

—Pues no, pero necesitamos hablar urgentemente con él.

—A ver un momento…

Y ha entrado en el despacho de Chema. Yo ya lo sabía, pero necesitaba confirmarlo: he abierto el bolso de la secretaria, he cogido la cartera y la agenda y las he metido en el mío. Paco y Miguel me han mirado horrorizados.

—Luego se lo devuelvo —les he dicho para tranquilizarlos.

En ese momento la secretaria ha salido del despacho de Chema:

—Lo siento muchísimo pero no puede recibirles. Está muy ocupado —nos ha dicho.

—Está bien. Volveremos otro día. Pronto, muy pronto.

Y nos hemos ido. Hemos entrado en un bar, enfrente del edificio.

—Lola, ¿por qué has cogido eso?

—Porque tengo una intuición…

—¡Bah!, tú y tus intuiciones…

—Tengo un intuición importantísima. ¿Quién es la secretaria de Chema Belmonte?

—No sé, ni idea.

—Yo, tampoco, pero es guapísima —ha dicho Paco— Mira en la agenda su teléfono y la llamo una noche…

—Menos bromas, Paco… La secretaria se llama Cecilia, creo.

—¿Y qué?

—Cecilia Belmonte. Es la hija de Belmonte, me parece. ¿Os acordáis de las fotos de la biblioteca de Guillermo Belmonte?

—Sí.

—Pues en esas fotos la hija de Belmonte es igual que la secretaria de Chema.

—¿En serio?

—Me juego 50.000 duros[39]. ¿Miramos la cartera?

—Venga:

¡Premio! En el documento estaba muy claro: Cecilia Belmonte, nacida en Buenos Aires en 1963.

Paco y Miguel estaban sorprendidísimos.

—¿Pero por qué trabaja de secretaria de su hermano?

—Buena pregunta —he contestado—. Pues no lo sé exactamente. Pero sí sé una cosa: está relacionada con la muerte de su padre.

—Pero, Lola, su padre se suicidó…

—Sí, Guillermo Belmonte se suicidó, pero engañado…

—¿Cómo "engañado"?

—Tengo una teoría. ¿Os acordáis del vídeo de la Bolsa?

—Claro.

—Pues a ver, queridos socios —he dicho como una estrella de cine—, ¿qué le pasa a ese vídeo?

—Son informaciones de la Bolsa.

—¿Verdaderas o falsas?

—Falsas.

—¿Por qué? —a veces me parezco a los profesores de colegio.

—Porque duran ocho minutos.

—Y porque la voz no es la de siempre. Y, además, dicen que las empresas de Belmonte han perdido mucho dinero y no es verdad.

—Muy bien —igual que una profesora—. ¿Y de qué día eran?

—Del 15 de mayo.

—Exacto. Y el 15 de mayo…

—Fue el día que Guillermo Belmonte se suicidó —ha dicho Miguel.

—Muy bien.

—Ahora, ahora… —ataque de lucidez de Paco—… El vídeo tiene un cable verde…

—Ajá —he dicho yo.

—Ese cable no es normal…

—No, no es normal —le he dicho a Paco.

—O sea que el vídeo podía estar conectado a la televisión…

—Muy bien. El vídeo estaba conectado a la televisión y empezó a funcionar cuando empezaron las noticias de la Bolsa.

—Pero eso es muy difícil… —ha dicho Miguel.

—A ver, querido —a veces soy muy irónica—, ¿a qué se dedica Chema Belmonte?

—Es ingeniero de telecomunicaciones.

—O sea, que para un ingeniero, especialista en antenas, televisión por cable y no sé cuántas cosas más no es muy difícil programar el vídeo…

—Un momento —a Miguel le gusta entender bien las cosas—. El día de su muerte, Guillermo está viendo el Telediario[40] y empiezan las noticias de la Bolsa...

—Exacto. El locutor dice: "Ahora vamos a darles la información de la actividad de las Bolsas españolas en el día de hoy" o algo así.

—Y, entonces, el vídeo se conecta…

—Y Guillermo no ve las verdaderas noticias de la Bolsa…

—Ve las falsas noticias del vídeo...

—Y cree que está arruinado, que ha perdido todo su dinero.

—Está desesperado, piensa en sus trabajadores... Se levanta, escribe la famosa carta, va al baño y se suicida... —he terminado yo brillantemente.

—¡Qué inteligente eres, Lola! —a Paco le gustan mucho los razonamientos del final de los casos.

—Pero... —ha dicho Miguel.

—Pero —he continuado yo, que lo tengo todo pensado —no sabemos exactamente dos cosas: quién ha sido el culpable y por qué.

—Exacto.

—Pero tengo una teoría... —he dicho como Hercules Poirot.

—¿En serio? ¿Cuál? —a veces mis socios son como niños.

—A ver... Otra vez... ¿Quién es el heredero del Guillermo?

—Chema, su hijo.

Paco ha empezado a comer chocolate. Lleva siempre chocolate en los bolsillos. Para él es como una droga.

—Y quería el dinero ahora mismo, ¿no? No quería esperar más tiempo.

A Paco el chocolate le sirve para pensar mejor.

—Muy bien, pero yo, sin embargo creo que Chema protege a su hermana...

—¿Cómo? ¿A su hermana?

—Vamos a ver... Hace unos años su hermana se casa con un francés muy mayor... A su padre, Guillermo, no le gusta y la deshereda...

—Mejor para Chema, ¿no?

—Sí pero no —he dicho, misteriosa.

—¿Qué significa "sí pero no"?

—Guillermo quiere mucho a su hermana... Han estado

siempre muy unidos… En casa de Guillermo Belmonte vi muchas fotos de ellos dos juntos…

—Ah, sí, ya me acuerdo —ha dicho Miguel—. Fotos en México, en Atenas… El otro día, cuando vi las fotos en el salón de casa de Guillermo, pensé: "¡Qué hermanos tan unidos!".

—Yo pensé lo mismo… Por eso me parece que Chema lo ha organizado todo para conseguir el dinero de su padre y darle una parte a su hermana…

—¿Pero la hermana necesita dinero?

—Ahora lo vamos a saber —les he dicho.

—¿Cómo?

—Muy fácil. Vamos a volver a la oficina de Chema, aquí enfrente. Pero, primero, vamos a hacer unas fotocopias de los documentos de Cecilia. Necesitamos pruebas para la policía…

Media hora después hemos vuelto al despacho de Chema. La secretaria, o sea, Cecilia, nos ha dicho muy nerviosa:

—El señor Belmonte no puede recibirles.

—No queremos hablar con el señor Belmonte. Queremos hablar con usted.

—¿Conmigo? —ha dicho horrorizada.

—Sí, Cecilia, contigo —le he dicho yo como en las películas de suspense.

Ha empezado a llorar. Entonces le he preguntado:

—¿Por qué, Cecilia? ¿Por qué?

Siempre funciona. Nos lo ha contado todo.

—Hace tres meses… mi marido… murió…

Paco, muy sensible, le ha pasado un "kleenex". Cecilia seguía llorando y explicando la historia:

—Yo no tenía dinero… Mi padre… Mi padre no quería verme… Nunca más… Entonces Chema lo organizó todo… Yo no sabía nada. Lo juro, no sabía nada…

Cada vez lloraba más, la pobre.

—Mi padre se suicidó… Chema me llamó y vine… Me lo explicó todo… Yo no quería, de verdad, no quería…

Se ha abierto la puerta del enorme despacho de Chema y, desde dentro, sin vernos, Chema ha dicho:

—Cecilia…

Entonces nos ha visto.

—¿Pero qué pasa? ¿Qué hacen ustedes aquí?

—Chema, es horrible —ha dicho Cecilia—, horrible… Lo saben todo.

En ese momento he empezado hablar yo.

—Sí, Chema, lo sabemos todo. Los problemas de tu padre con tu hermana, la relación entre tu hermana y tú, tus estudios como ingeniero de telecomunicaciones, el vídeo con una falsa información sobre la Bolsa, … Todo. Estás perdido.

—No es posible, no es posible —ha dicho casi llorando.

Paco ha reaccionado muy masculinamente:

—No vas a llorar, ¿verdad? Los hombres no lloran.

Chema casi le pega. Por suerte, Miguel lo ha evitado enseñando su bíceps y un pequeño revólver.

—Hay sólo una cosa que no sabemos… ¿Cómo conseguiste conectar el vídeo? Era difícil hacerlo. Tu padre podía notarlo.

—Soy ingeniero de telecomunicaciones.

—Ya, ya lo sabemos. Pero queremos saber cómo lo hiciste.

Chema estaba muy nervioso, derrotado. Casi no podía hablar.

—El cassette del vídeo estaba conectado al televisor… preparado para empezar… a grabar… cuando el locutor decía: "Y ahora las informaciones de la Bolsa".

—¿Lo veis? —les he dicho a mis socios con cara de satisfacción— Muy interesante, Chema, muy interesante… Voy a llamar un momento al Inspector Rupérez.

Al Inspector Rupérez no le gustan las mujeres detective. A mí tampoco me gusta él. Pero tenía que avisar a la policía. Chema Belmonte provocó la muerte de su padre y eso es un delito.

—Inspector —le he dicho por teléfono—, soy Lola Lago y tengo un caso para usted.

—¡Qué raro! ¿Usted me llama para darme un caso? ¿Para darme un caso a mí?

—Ejem. Verá, Inspector…, es que es un caso un poco especial…

—¿Ah, sí? ¿Especial por qué?

—Porque ya está resuelto.

Ha colgado. Tampoco le gustan las mujeres inteligentes. Bueno, volveré a llamar y por la noche cenaré con Carmela para darle el diario de Guillermo Belmonte, un diario que, desde el domingo 19 de marzo, pone continuamente: "Estoy completamente enamorado de Carmela. Es una mujer estupenda. El gran amor de mi vida"

Le va a gustar leerlo.

NOTAS EXPLICATIVAS

(1) *Viña Ardanza* es una marca de vino español de la Rioja muy prestigiada.

(2) Bilbao es la capital de la provincia de Vizcaya, una de las tres que componen el País Vasco, comunidad autónoma situada en el norte, junto a la frontera francesa. Tiene dos lenguas oficiales, el vasco y el castellano, y un fuerte movimiento nacionalista.

(3) *Frío/Caliente* son dos expresiones que, además de su significado habitual, se utilizan en determinados juegos para indicar si la persona que está jugando se aproxima o no a lo que tiene que adivinar.

(4) Madrid tiene una gran avenida que recorre la ciudad de Norte a Sur que, en uno de sus tramos, concretamente entre la Plaza de Colón y la Plaza de Cibeles, se llama *Paseo de Recoletos.*

(5) Los *canelones*, parecidos a los italianos, son un plato muy extendido en la cocina española.

(6) *La Casa de Campo* es una enorme zona verde, en la que hay un lago, situada en al zona oeste de Madrid donde los madrileños practican diversos deportes, pasean o hacen picnic, especialmente los fines de semana.

(7) Cadena de supermercados.

(8) Contrariamente a lo que se piensa en el extranjero, la *siesta* es una costumbre que se está perdiendo en España, especialmente en las ciudades.

(9) *Tener un gran corazón* significa "ser muy buena persona".

(10) *Ligar* significa iniciar una relación amorosa.

(11) *Estar como una cabra* significa, en un español familiar, "estar loco".

(12) *El Corte Inglés* es la cadena de grandes almacenes más importante de España. Se encuentra en todas las grandes ciudades.

(13) *Estar bien conservado* se aplica a las personas de edad para indicar que parecen más jovenes.

(14) La "tortilla española" o *tortilla de patatas* está compuesta de huevos, patatas y, a veces, cebolla.

(15) Las *cocochas* son un plato típico vasco. El ingrediente fundamental es una parte de la cabeza de la merluza.

(16) Los Ayuntamientos están compuestos por un alcalde y un determinado número de *concejales*, representantes de aquellos partidos que, en las elecciones, hayan obtenido representación municipal.

(17) Todas las ciudades españolas tienen un santo patrón. El día del calendario dedicado a ese santo es fiesta en la ciudad. En Madrid el patrón es San Isidro y se celebra el 15 de mayo.

(18) Es una de las plazas más características del Madrid de los Austrias. Se llama así al centro del Madrid antiguo en el que hay muchos edificios del siglo XVII y XVIII.

(19) Por *finca* suele entenderse una gran parcela en la que se ha construido una casa. Concretamente en Andalucía —aquí se está

hablando de Jaén, una de las ocho provincias andaluzas— a las *fincas* se les llama *cortijos.*

(20) En los últimos años las Asociaciones de Consumidores han tomado gran fuerza y protagonismo en España.

(21) El fútbol es el deporte favorito de los españoles. Los domingos se suele retransmitir algún encuentro por televisión. Tradicionalmente, existe una rivalidad muy fuerte entre dos de los mejores equipos, el *Barça*, equipo de Barcelona, y el *Real Madrid*. Hay muchos más hombres aficionados al fútbol que mujeres.

(22) *La Moraleja*, situada en los alrededores de Madrid, es una de las urbanizaciones más caras de la capital. En ella viven, en lujosos chalés, las grandes fortunas madrileñas.

(23) Muchos hispanohablantes son capaces de reconocer, e, incluso, de imitar el acento argentino, por ser éste muy característico.

(24) La calle de *Serrano* es una de las más importantes calles comerciales de Madrid. Está situada en el barrio de Salamanca, uno de los más elegantes. Decir en Madrid que alguien es de *Serrano* significa que tiene dinero y una ideología conservadora.

(25) *Pasta*, en español coloquial, significa *dinero.*

(26) Entre jóvenes, en relaciones de confianza, es muy frecuente utilizar esta expresión.

(27) Es frecuente en España que el personal de limpieza u otros obreros manuales canten mientras realizan su trabajo. Normalmente cantan canciones flamencas o canciones españolas de principio de siglo.

(28) El andaluz es otro acento muy marcado, fácil de reconocer y de imitar.

(29) Los hablantes tienen una fuerte tendencia a pronunciar *ao*, en lugar de *ado*, los participios de los verbos de la primera conjugación. Esta tendencia es más acusada entre las clases populares.

(30) *No hay de qué* es una expresión equivalente a *De nada*.

(31) *Mecachis* se emplea, en registro muy informal, cuando algo ha salido mal o ha surgido algún inconveniente imprevisto.

(32) *El Rastro* es un mercado de compra-venta al aire libre, que abre exclusivamente los domingos y donde puede encontrarse todo tipo de cosas nuevas o de segunda mano, desde ropa hasta muebles antiguos.

(33) *Chema* es una de las maneras familiares de llamar a los hombres que se llaman José María.

(34) *Niño bien* o *niño de papá* se aplica a los hijos a que viven del dinero de su familia.

(35) La televisión venezolana produce muchos seriales, que, popularmente, se llaman *culebrones* porque son larguísimos —pueden durar dos o tres años en episodios de media hora— y dan vueltas y vueltas sobre conflictos familiares y amorosos. En los años 90 casi todas las cadenas españolas de televisión han emitido esos *culebrones* con gran éxito entre, sobre todo, las amas de casa.

(36) Telediario es el nombre que reciben los programas informativos de la televisión estatal, que son los de mayor audiencia.

(37) Actualmente hay en España, además de los canales autonómicos que emiten sólo para la Comunidad Autónoma correspondiente, cinco cadenas televisivas. Dos de ellas —"TVE 1" y "La dos" — son estatales y se conocen como *Televisión Española.*

(38) *Tatatachán, tatatachán...* es la onomatopeya que suele usarse cuando va a empezar la parte más sorprendente o misteriosa de algo.

(39) Para indicar que se está absolutamente seguro de una deducción sobre algo o alguien se usa la expresión *Me juego una cena/dos mil pesetas/...* En España es frecuente contar en *duros,* cada duro equivale a cinco pesetas.

(40) Es el nombre que reciben los informativos de la primera cadena de Televisión Española —"TVE 1"—, que son los que tienen en España una mayor audiencia.

¿LO HAS ENTENDIDO BIEN?

Miércoles, 15 de marzo

Apunta todo lo que sabes de Carmela.

Viernes, 17 de marzo

¿Qué ha hecho cada una de las personas que trabajan con Lola esta mañana?

— Margarita
— Feliciano
— Miguel
— Paco

¿Cómo crees que es Lola Lago? Escribe las cosas que sabes de ella que te hacen pensar eso.

Sábado, 18 de marzo

¿Qué otras cosas has sabido del carácter y de los gustos de Lola Lago en este capítulo?

¿Y del carácter de Miguel?

Por qué?

¿Qué relación tienen Carmela y Lola?

¿Por qué quiere esa dirección?

Lunes, 20 de marzo

¿Crees que los socios de Lola son unos buenos trabajadores? ¿Por qué?

¿Puedes anotar los hechos más importantes de la historia de Guillermo Belmonte? ¿Y sus principales características?

¿Por qué no terminas estas frases que tienen que ver con el contenido de la novela?

Lola, cuando quiere que sus socios trabajen, los llama _____.
A Lola Lago no le gusta que la llamen _____.
Lola sabe que la actual novia de Paco es africana porque
Feliciano come muchos _____ y escribe _____.

Lunes, 15 de mayo

¿Sabes por qué el 15 de mayo es fiesta en Madrid? Si no lo sabes, léete la nota n.° 17.

¿Qué le pasa a Lola últimamente?

¿Cuál le parece que es la solución?

Miércoles, 17 de mayo

Desde hace unos días Lola habla mucho de "las hamburguesas", ¿por qué?

¿Cuando Lola está trabajando, Carmela la llama frecuentemente o no?

¿Por qué la ha llamado hoy?

¿Por qué saben que Guillermo se ha suicidado?

Viernes, 19 de mayo, y Sábado, 20 de mayo

Di si es verdad o mentira:

	V	M
Guillermo tenía problemas económicos.	☐	☐
Guillermo tenía problemas sentimentales.	☐	☐
Sus negocios funcionaban muy bien.	☐	☐
Estaba contento con Carmela.	☐	☐
Lola cree que Guillermo no se ha suicidado.	☐	☐

¿Qué ha hecho Lola para conseguir la dirección de Guillermo Belmonte?

¿Por qué quiere esa dirección?

Domingo, 21 de mayo

¿Cómo es la casa de Guillermo Belmonte?

¿Qué cosas tenía en su mesilla de noche?

¿Qué quiere encontrar Lola exactamente? ¿Para qué?

¿Qué se lleva Lola a su casa?

Martes, 23 de mayo, y Miércoles, 24 de mayo

¿A dónde llama Lola?

¿Qué mentiras dice?

¿Qué información consigue y qué piensa hacer con esa información?

Jueves, 25 de mayo, y Viernes, 26 de mayo

Dí si es verdad o mentira:

	V	M
Paco compra unos uniformes de limpieza.	□	□
Los compra para poder entrar en un despacho.	□	□
Se visten con los uniformes, pero no tienen escobas ni trapos.	□	□
Lola encuentra cosas de limpieza en un cuarto.	□	□
En el despacho buscan el expediente de Guillermo.	□	□
Quieren encontrar la carta del suicidio.	□	□
La encuentran en el Archivo General.	□	□
Todo el tiempo hay una mujer, Cloti, trabajando en el despacho.	□	□
La letra de la carta del suicidio es igual que la del diario de Guillermo.	□	□
El hijo de Guillermo es el heredero de los negocios.	□	□
Lola piensa que, tal vez, Guillermo tenía problemas con su hija.	□	□

Domingo, 28 de mayo; Lunes, 29 de mayo, y Martes, 30 de mayo

¿Qué sabes de la historia, el carácter, los gustos y las aficiones de Chema Belmonte?

¿Qué nuevas mentiras ha dicho Lola Lago?

¿Crees que a Lola le gusta Chema? ¿Por qué? ¿A ti te gusta la gente como él?

¿Por qué crees que Chema Belmonte se ha enfadado cuando Paco miraba los vídeos?

¿Cómo es la secretaria de Chema? ¿Estaba en la reunión?

Martes, 30 de mayo

Explica qué han visto en la biblioteca, en el dormitorio y en el salón de Guillermo Belmonte?

¿Han encontrado algo raro? ¿Y a ti? ¿Te ha sorprendido algo?

¿Tienes alguna intuición? ¿Cuál?

Jueves, 1 de junio; Lunes, 5 de junio, y Martes, 6 de junio

¿Sobre qué es el vídeo que tenía Guillermo?

¿Cuánto dura?

¿Te parecen aburridas las informaciones sobre la Bolsa?

¿Cuánto duraron las noticias de la Bolsa el día 15 de mayo?

Miércoles, 7 de junio, y Jueves, 8 de junio

¿Por qué no terminas estas frases que tienen que ver con el contenido de la novela?

Feliciano ha descubierto que la _____ del vídeo no es la misma que la de los Telediarios.

"Estar hundido" puede significar dos cosas: _____
_____

Según el vídeo todas las empresas de Guillermo Belmonte _____
_____

Benito ha informado a Lola de que ninguna empresa de Belmonte
_____

Guillermo deshereda a la hija después de _____

Carmela dice que Guillermo y su hija no tenían_____

Carmela cree que a Guillermo no le gustaba el marido de su hija porque _____

Lola cree que la hija de Belmonte _____

Lola no puede dormir y piensa en _____

Viernes, 9 de junio

¿Por qué no terminas estas frases que tienen que ver con el contenido de la novela?

En la ducha, Lola empieza a sospechar de _____

Lola coge del bolso de la secretaria _____

En realidad, la secretaria es_____

Chema y su hermana están muy _____ , tienen una muy buena relación.

El vídeo de casa de Guillermo tenía algo raro, un cable _____

Lola se da cuenta de que el vídeo estaba conectado al _____

El vídeo se puso en marcha cuando el locutor dijo: _____

_____

Guillermo no vio las verdaderas noticias de la Bolsa, vio las _____

_____ y creyó que estaba _____ .

Entonces _____ , la carta y se suicidó.

El culpable es un especialista en electrónica y Chema Belmonte es

_____ .

Chema provoca el suicidio de su padre porque _____ el marido de

su hermana y ella no tiene _____ .

Todo el plan lo ha organizado _____ , Cecilia no

_____ .